BEDROOM 68

SOVRUM 68

LIVING ROOM 138

VARDAGSRUM 138

HALL 170

HALL 170

U·T·O·M·H·U·S 184

OUTDOORS 184

Details

SWEDISH

Annika Huett och Ulf Huett Nilsson

BOKFÖRLAGET MAX STRÖM

MÅNGA gånger har vi bråttom att slänga, byta ut eller bygga om. Detaljer som skapar en personlig känsla behöver inte vara nya eller dyra. En ärvd vas på sin plats i ett skåp. En gammal kran på ett handfat. En rosa plastmugg som påminner om något. Den muggen slänger man inte, den är som en kär gammal vän.

I vårt letande efter roliga och annorlunda detaljer har vi rest på upptäcktsfärd i Sverige. Vi har besökt personliga hem från norr till söder, från rum till rum, och funnit att nästan vad som helst kan vara en intressant detalj.

Myllret av bilder visar på hur fina till synes enkla inredningsdetaljer och miljöer kan vara. Saker som fått stå på sin plats länge finner sig till rätta med allt annat i rummet. Så ge detaljerna tid. Så småningom kanske de blir det finaste du har.

WE'RE OFTEN in a hurry to throw away, exchange or rebuild. But the details that create a personal feel don't have to be new and expensive. An inherited vase in a glass cabinet. An old tap on the hand basin. A pink plastic mug with memories — you're not about to throw that away, it's an old friend.

In a hunt for fun and different stuff, we explored Sweden. We visited uniquely personal homes from north to south, peeking into room after room, and discovering that almost anything can be a fascinating detail.

The profusion of pictures shows how handsome superficially simple interior decoration details can be. Things that have been in the same place for a long time settle in and get comfortable with their surroundings. So give time to details. They might turn out to be the most beautiful things you own.

KITCHEN

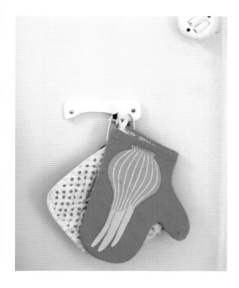

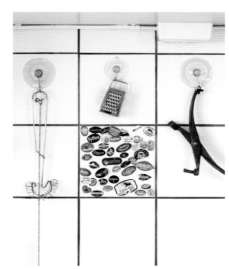

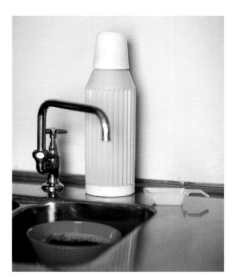

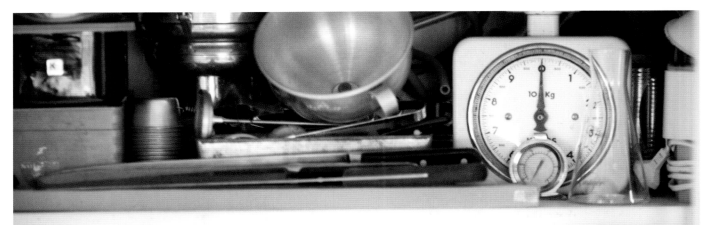

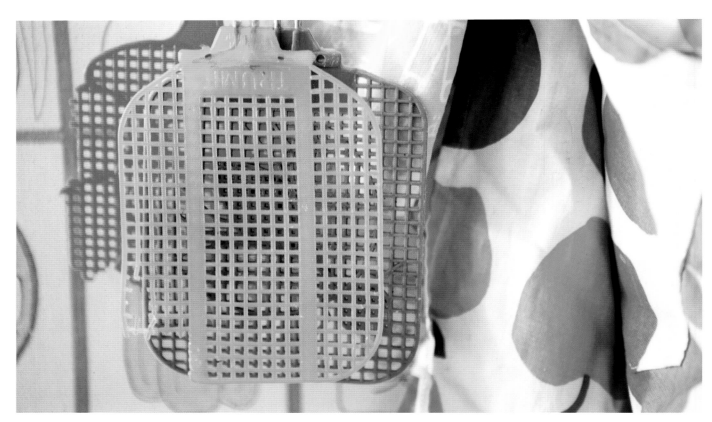

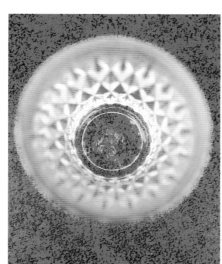

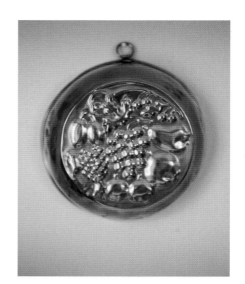

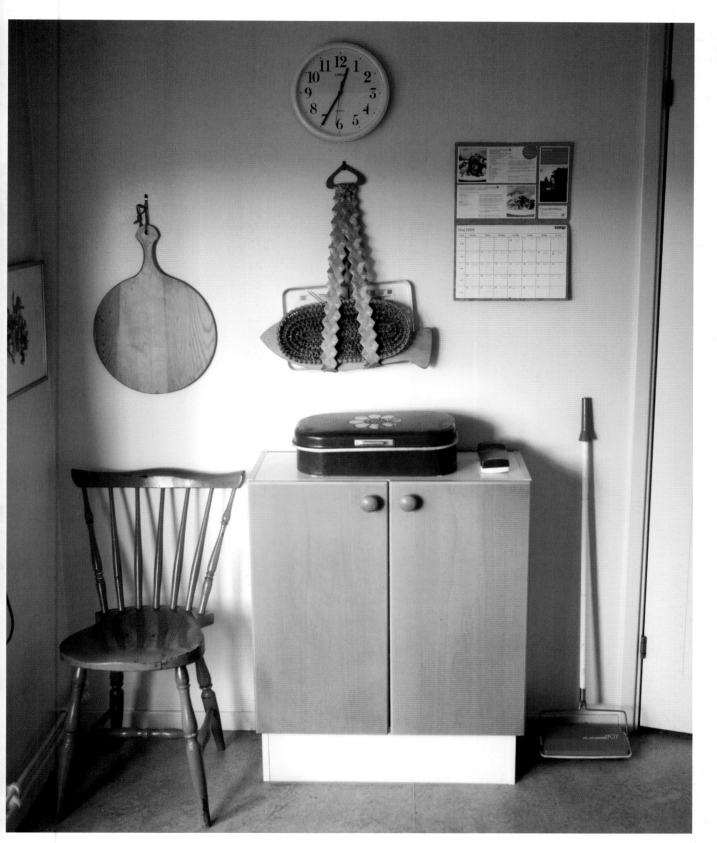

ARBETSRUM

STUDY

SOVRUM
BEDROOM

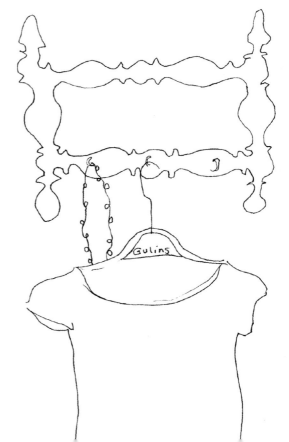

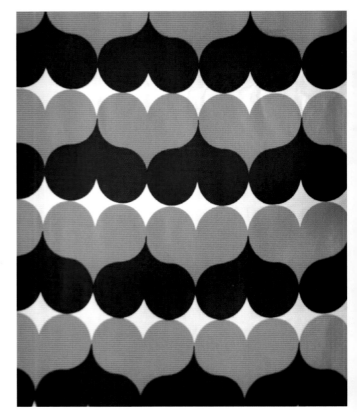

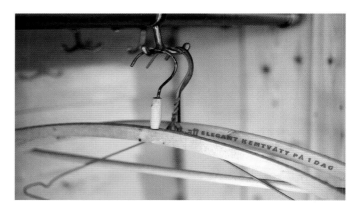

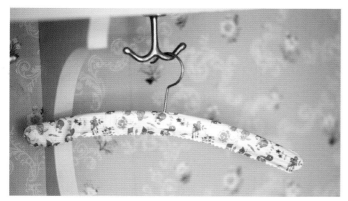

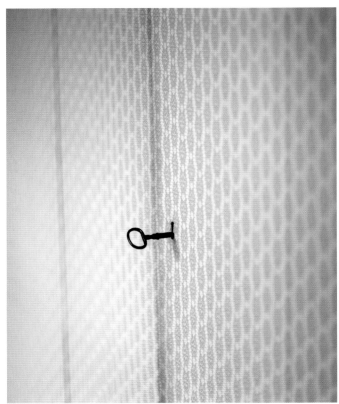
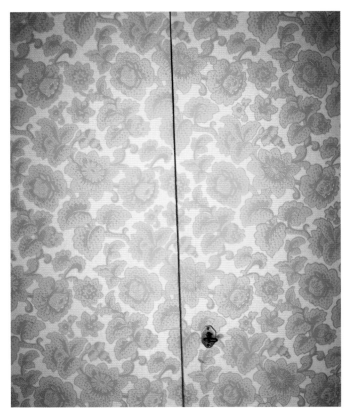

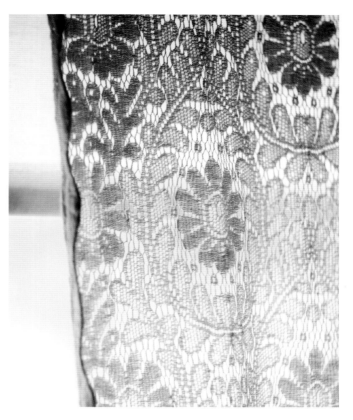

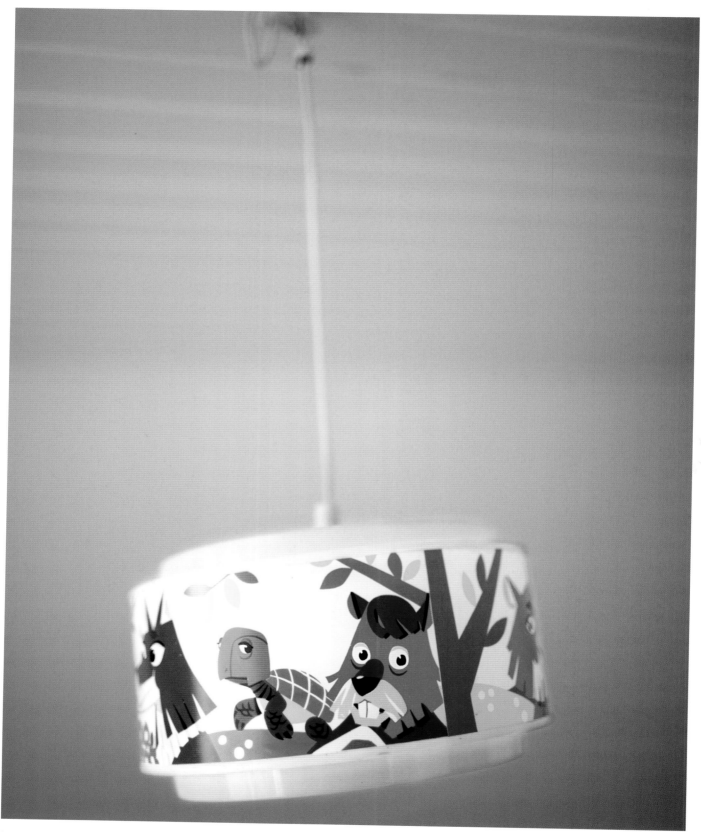

CHILDREN'S ROOM

BARNRUM

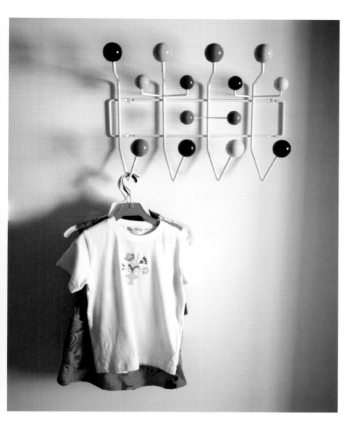

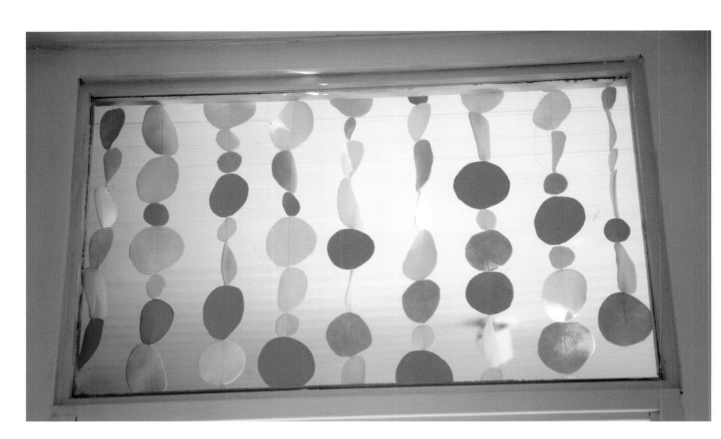

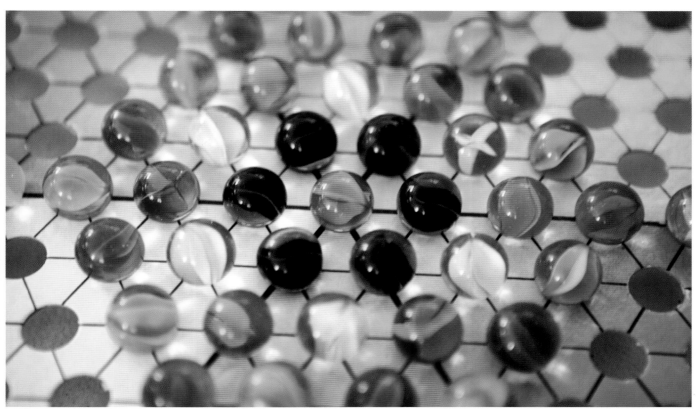

BATHROOM

BADRUM

  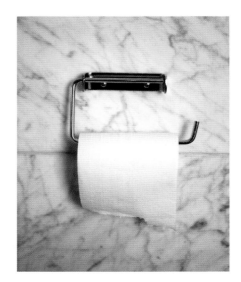

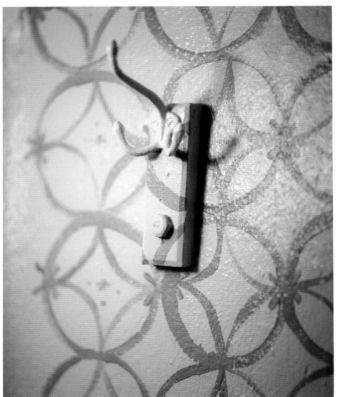

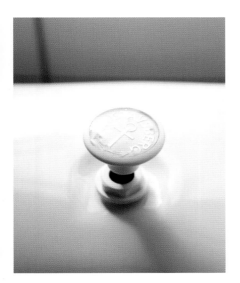  

LIVING ROOM
VARDAGSRUM

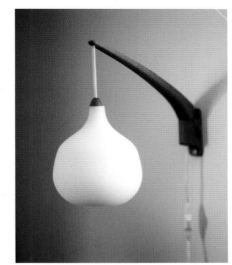

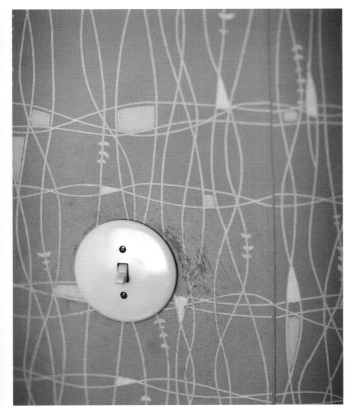

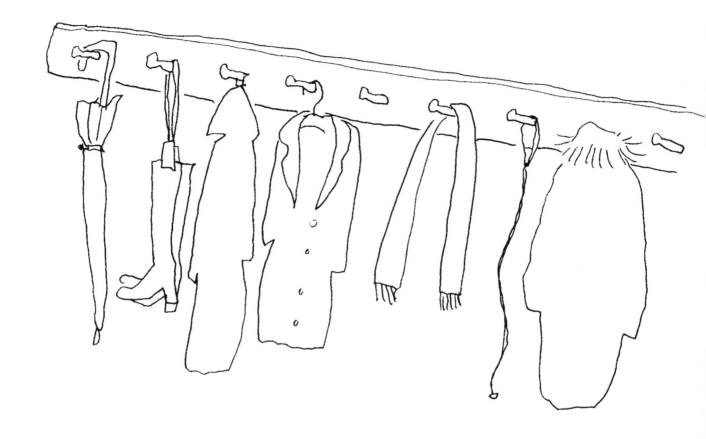

HALL HALL

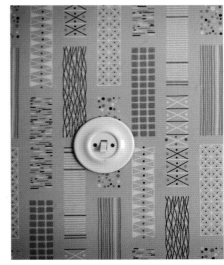

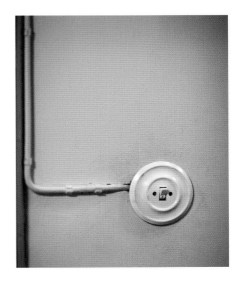
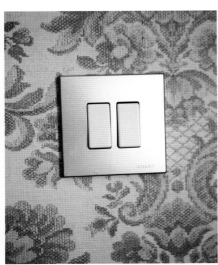

175

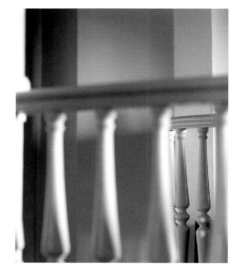

 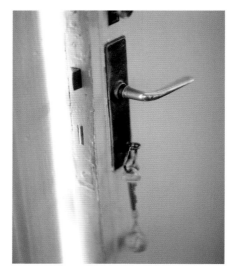 

U·T·O·M·H·U·S

OUTDOORS

Annika Huett och Ulf Huett Nilsson bor tillsammans i Stockholm med sina tre barn. Annika Huett är illustratör och arbetar för tidningar, böcker och reklam men gör även väggmålningar och mosaiker. Hon fick mycket uppmärksamhet för sin bok Korsstygn på nytt sätt 2007. Ulf Huett Nilsson har arbetat som fotograf sedan 1989. Han är verksam både i Sverige och utomlands. Deras gemensamma bok om svensk sommar, Pergola, tombola, picknick, fick utmärkelsen Utmärkt Svensk Form när den kom år 2000.

Annika Huett and Ulf Huett Nilsson and their three children live in Stockholm. Annika is an illustrator for the press, books and advertising but also does murals and mosaics. She attracted attention in 2007 for her book Korsstygn på nytt (Cross-stiching's new look). Ulf has photographed professionally since 1989, working in Sweden and abroad. Annika and Ulf's joint book project, Pergola, tombola, picknick, was awarded the Utmärkt Svensk Form design award when it was published in 2000.

© Bokförlaget Max Ström 2010
© Foto/Photo Ulf Huett Nilsson
© Idé och illustrationer/Idea and illustrations Annika Huett
Formgivning/Design Patric Leo
Tryckt i Lettland av Livonia Print 2014/Printed in Latvia by Livonia Print 2014
Andra tryckningen/Second printing
ISBN 978-91-7126-169-4

Till/To Miranda, Doris & Rut

TACK/THANKS ELISABETH & CHRISTER AHLSTRAND, FREDRIK BACKMAN (JOHN & GUN CAARLES SLÄKT/FAMILY AND RELATIVES), NINA BECKMANN & MÅNS

BRITTA JONSSON-LINDVALL & KENT LINDVALL, EBBA & SVANTE KETTNER, LOTTA KÜHLHORN & HÅKAN ÖSTLUNDH, PATRIC LEO & MARIA HURTIG, LOTTA LAMM, GÖSTA

SUSANNE ROLF & JOAKIM STAREMO, PERNILLA SAHLSTRÖM & OSKAR HELLBLOM, BEA UUSMA SCHYFFERT & HENRIK SCHYFFERT, PER MARTIN SKIÖLD, SVEN &